다음 돌로 건너갔어

시목문학회

대표 박장희
회장 최영화
사무국장 김병권
편집장 황지형
편집위원 박산하 김 숲

다음 돌로 건너갔어

시산맥 시혼 055

초판 1쇄 인쇄 | 2025년 8월 3일
초판 1쇄 발행 | 2025년 8월 8일

지은이 시목문학회
펴낸이 문정영
펴낸곳 시산맥사
편집주간 김필영
편집위원 최연수 박민서
등록번호 제300-2013-12호
등록일자 2009년 4월 15일
주소 03131 서울특별시 종로구 율곡로 6길 36. 월드오피스텔 1102호
전화 02-764-8722, 010-8894-8722
전자우편 poemmtss@naver.com
시산맥카페 http://cafe.daum.net/poemmtss

ISBN 979-11-6243-613-4 03810 (종이책)
ISBN 979-11-6243-614-1 05810 (전자책)

값 12,000원

* 이 책은 울산광역시, 울산문화관광재단 '2025년 예술창작활동 지원사업'의 지원을 받아 발간되었습니다.
* 이 책은 전부 또는 일부 내용을 재사용하려면 반드시 저작권자와 시산맥사의 동의를 받아야 합니다.
* 이 책은 교보문고와 연계하여 전자북으로 발간되었습니다.
* 본문 페이지에서 한 연이 첫 번째 행에서 시작될 때에는 〈 표기를 합니다.
* 저자의 의도에 따라 작품의 보조 동사와 합성 명사는 띄어쓰기가 달라질 수 있습니다.

시목문학 제7집

다음 돌로 건너갔어

시목문학회

| 여는 글 |

돌을 쌓는다

그림자, 지나간다

일곱 번째 돌을 얹는다

2025년 한여름
시목문학회 회장 최영화

차 례

여는 글

초대시

구광렬   간間 45　　　　　　　　　　18

　　　　　간間 46　　　　　　　　　　20

　　　　　인사동 찻집에서　　　　　　21

　　　　　야생란　　　　　　　　　　22

동인시

박산하   바다가 새침해질 때　　　　　26

　　　　　맹물 차를 마시다　　　　　　28

　　　　　대추야자가 익어가는 방　　　30

　　　　　어떤 토르소　　　　　　　　32

임성화	우리 엄마	36
	일장기	37
	타클라마칸 사막	38
	멍때리기	40
최영화	이른 아침 해	42
	발모랄 비치의 여인	43
	귀지	44
	그림자가 자랐다	45
김도은	4월 27일 3시 15분	48
	수평과 수직	49
	태도가 작품이 될 때	50
	패턴	51
박순례	싹이 돋아나는 중일까?	54
	새 길을 내다	56
	열대성 저기압들은 왜 바다로 빠져들까	58
	고요가 깨지는 오후	59

박장희	출발점은 구부러진 지점에서부터였다	62
	드라마	64
	왜, 강과 매미는 같은 선율로 흐르는가	66
	발바닥이 근질근질한 날	68
윤유점	광대승천하다	72
	만족한 코뿔소	73
	같거나 다른	74
	스팸 메일	75
김 숲	눈 속의 갈대	78
	봄, 파도	80
	고향 가는 길	81
	이카루스	82
김뱅상	태풍이 지나가고	84
	아스파라거스	86
	카페베네 2층, 혼자 둘이서	88
	삽화가 된 휴지통	91

이선락	꽃병을 흔들면 울음은 어쩌자는 거야	94
	흰, 검은 빈칸	96
	냉장고에서 무를 꺼내 코끼리라 우겼다	98
	쿵쿵소	100
황지형	갑작스럽게 나타난 빗자루	104
	멀어지고	107
	다음 돌로 건너갔어	109
	크기별 아줌마	113
박정민	항抗, 프랑켄슈타인	118
	컬러풀 원더풀	120
	안녕하세요, 아버지 가방에 들어가시고	122
	Σ, 겨울	124
성자현	경부선 만종	128
	귤 밭에서	130
	관능적인 의자	131
	회색 모자이크	132

양문희	플랫슈즈, 노란	136
	정글 속으로	138
	욕망하는 달리가 꽃을 돌보는 법	139
	딸기戰	141
김병권	바람 소리	144
	채송화 꼭짓점	146
	다이어트	148
	가을 노트	150
이희승	한정리 15번지	152
	브레이크타임	154
	붉어지겠다	155
	봄의 부고	156

초대시

구광렬
klkoo5600@hanmail.net

- 멕시코국립대(UNAM) 문학박사, 1986년 멕시코 문예지 《El Punto》 등단.
- 시집 『슬프다 할 뻔했다』(문학과지성사), 『불맛』(실천문학사)외 수 권,
- 『체의 녹색 노트』(문학동네) 기타 문학 작품집 40여 권.
- UNAM동인상, 멕시코 문협 특별상, 브라질 ALPASXXI 라틴시인상(International 부문) 수상.

간間 45

간間 46

인사동 찻집에서

야생란

간間 45
−펜션에서 모차르트를 들으며

절벽 아래 현무암 위로 눈송이들 떨어지고
벽난로 속 장작, 첼로의 음색으로 G음을 끌어올린다
죽도와 관음도 사이 일렁이는 수평선 드러나자
과거 연기가 빚어낸 이야기는 풀어지고
문득 슬프다 내뱉자, 시간의 껍질 벗겨져
가리지 못한 심장 위로 차디찬 기운 솟는다

바이올린은 높은 음역에서 피치카토로 그 얼음 결정들을
치어 올리고
따닥, 벽난로 속 장작 불씨 튀어 오르자
피아노 소리에 맞춰 바람은 또 파도를 때리고
죽도 방파제 물보라 사이 눈송이들
녹을 듯 녹지 않고 건반 위를 구른다

갈매기 한 마리, 눈발을 가르자
내 눈꺼풀 얇아져 눈, 불의 만남이 이뤄지고
세상 경계 다시 흐려져
난, 이때다 깨어있는 꿈을 꾸게 되지만
슬프다, 다시 뱉자

바이올린, 첼로, 모든 악기들 불협화음에 빠져들고
난 처음부터 그 겨울 울릉도에 없었다

간間 46

 능소화가 담장 밖으로 줄기를 뻗어 마당에서는 꽃을 보기가 힘들다
 너머엔 종일 해 드는 과수원이 있고 신작로 위에는 차들이 요란하지만 뿌리가 묻힌 담장 아래는 조용하다

 담장 안팎과 담장이 만드는 그늘 안팎. 뿌리를 음지에 두고 양지로 달아난 너를 올려보며 그 아래 굼벵이, 지네, 지렁이, 땅강아지, 쥐며느리… 입은 있지만 소리를 못 내는 것들을 생각하며 경계에 가 앉는다
 그래, 소리의 부재가 아니라 깊디깊은 묵음이다

 이제, 담장 밖 네 색이 궁금치 않다
 마악, 녹슨 우체통 속 편지를 꺼내니 칠 벗겨진 담벼락은 기꺼이 발신인 되어 수천의 입, 소리가 열리고 아무렇게나 놓인 깨진 화분 위로 마른 풀잎 하나 떨어지니, 낡은 일기장 같은 응달엔 수천의 어제와 거기가 가지런히 놓인다

인사동 찻집에서

 장님이 된 P에게 망막에 맺혔던 마지막 풍경을 물었다 말 없이 그는 입으로 찻잔을 가져갔다 순간 겸연쩍었다 겸연 쩍었지만, 겸연쩍다 말할 용기가 나지 않았다 겸연쩍어 미소를 지어봤지만, 그가 내 미소를 볼 턱이 없을 것이기에 더 겸연쩍었다 겸연쩍음을 못 이겨 뜨겁지도 않은 차를 후후 불며 소리 내며 마셨다 그러자 그는 눈꺼풀을 닫았다 닫힌 눈꺼풀은 떨렸으며 입은 열릴 기세였다 긴장이 되었다 다시 찻잔을 후후 불었다
 마침내 그의 입이 열리고

 ―뜨거운가 봅니다.

 겸연쩍음이 최고조로 달했다

 그의 눈꺼풀도 그때 열렸다 동태눈 같은 그곳에서 낡은 영사기에서처럼 빛 뭉치 하나 재생되었다

야생란

 검명이 시끄러우면 용렬해 보이고 한산하게 들리면 패기 없어 보인다 사르르, 스르르 거려야 한다 칼이 빠져나감을 칼집이 섭섭해하기도 시원해하기도 해야 한다 무武에 문文이 부채 창호지 속 대오리처럼 빳빳 설 비쳐 보이지만 쉬 부러지지도 쉬 휘어지지도 않아야 한다 어두운 곳에서도 서슬만은 댕댕해 살을 베고도 피를 묻히지 않아야 한다
 방금 그 소리 들었다 어린 문동이 한양 과거 길에 오르자 제 어미, 사립짝 앞에서 애닲아하다가 가슴 쓸어내리는 소리. 방금 그 빛 보았다 여리지만 시제에 흔들리지 않고 종이 뒷면을 뚫고선 문무과 양과에 급제하는 날카로운 추수秋水
 오늘 뒷동산 어둑한 바위 아래서 세 치 길이의 용천 명검과 만 권의 책을 만났다 베이고 베였건만 피 한 방울 흘리지 않았으며 읽고 읽었건만 독료할 길 없었다

동인시

박산하
임성화
최영화
김도은
박순례
박장희
윤유점
김 숲
김뱅상
이선락
황지형
박정민
성자현
양문희
김병권
이희승

박산하
p31773@hanmail.net

- 2013년 천강문학상, 2014년 《서정과현실》을 통해 등단했다.
- 시집 『고니의 물갈퀴를 빌려 쓰다』 『아무것도 묻지 않았다』 『샤갈, 모래톱에 서다』를 썼다.
- 함월문학상, 울산불교문학상을 수상했다.

바다가 새침해질 때

맹물 차를 마시다

대추야자가 익어가는 방

어떤 토르소

바다가 새침해질 때

누가 그린 수묵화일까, 느와르?
안개 한 움큼
나와 내 사이 틈이 생길 때 바다 쪽으로 휘어지는 모래톱

출렁거리는 내가 바다까지 왔다
물 위 밥상을 차리고
바다는 바다대로
나는 나대로 묽어지거나 어두워지고
바다와 틈이 생길 때마다
섬세한 바다, 코 하나 당겨본다

돌 위에 표시를 했을까
누가 모래 속에 묻어 두었던 미래일까
새끼발가락에 툭 걸려 온 장난감 속의 해무

안개들 몰려오다 숨 가쁜 등대를 지나 모래톱 너머까지
머리를 디밀면 구름 속엔 고래 몇 마리쯤
등을 굼실거리기도 하고
〈

뒤돌아서면 난 묵화 속의 여자
어깨 위의 날개, 슬쩍 펴 보이는

그림 속인 데, 저 남자
낚시를 드리우고 누굴 건지려는 것일까?

맹물 차를 마시다

안개를 판다는 카페에 들렀다
바람 한 장을 지불하자, 자작나무 문이 열린다

레시피는 없어요
돌 나무 이끼 숲 바람 물을 취향대로 섞어 드세요
말리거나 삶거나 날것으로 드시려면 기분을 잘 살피세요

안개가 다가왔다
커다란 풍선이 된 물방울 속, 나를 본다
살찐 자아가 뒤뚱거린다
창 앞에 멈춘 작달비가 패션을 그으면 내가 모르는 내가
옹이에서 장미성운이 피어날 수도 있겠다,

스노우볼 속의 접힌 풍경 하나

안개엔
이끼를 얹어 케익을 만들고
바람을 불러 자작 나뭇잎 부각을 튀기고
〈

민트차를 마시고
물방울에 꽃가루를 뿌리면 오색의 스낵

안개는 먹어도 먹어도 그대로인데
바삭한 스낵, 자꾸 먹을 수가 있을까?

대추야자가 익어가는 방

섬이었다 비가 왔다
예보에 없는 걱정이 몰려왔다

바다가 발끝까지 닿고
야자나무가 자라는, 방

하루 일이 끝나 잠들면
누군가는 빨래를 하고
또 다른 이는 아이를 재우고
보송한 속옷이 머리맡에 놓여 있을 때
히비스커스꽃이 말없이 피어나듯
그 손은 어떤 손보다 성스러운 일

틈새 햇살을 따라가는, 이방인 등허리쯤에 섬이 내려앉고
부겐빌레아 히비스커스 꽃잎 아이 이마에 날아들고

바람이 익힌 열매? 대추야자
잎이 갈라진 이유도 알 것 같은
햇살 모아 둥지 속에 부유하게 열매를 익히는

〈
행복? 열매를 쪼개어 보면
어쩌면 뛰노는 저 아이들
대추야자처럼 올망졸망 붉게 익어가는 일

어떤 토르소
―삼릉곡 석조여래좌상을 돌아보다가

난, 괜찮다 괜찮다 어깨를 펴는
커피 한잔으로 밤은 묽어진다

바람에 순종한 시간들
얼굴 쓰윽 닦으며 널브러진 어둠을 추슬러봐도
나, 얼굴이 없다

꽃 피지 않아도 꽃잎 열리는 소리 들을 수 있다,
노을 몇 자락쯤 잡을 수 있다 주문을 걸며
돌을 파고 파도
나는 목이 떨어져 있다

심장 먼 곳부터 가라앉다가
덜컥거리는 관절, 흙에 가까워지고

송홧가루 쌓인 등허리 한 귀퉁이 이끼 돋아나고
뼈 없는 벚꽃이 저리 서리는 걸

그려그려

머리 하나쯤 없어도 몇 겁의 풍경쯤 읽을

길 나서지만 언제나 물컹한 안갯속
가슴 한 올 풀지 못한

난, 어디로 가고 있지?
왜 여기 빈 머리로 앉아 있지?

임성화

lsh4529@kakao.com

· 1999년 〈매일신문〉 신춘문예를 통해 등단했다.
· 시집 『아버지의 바다』『겨울 염전』『반구천 암각화』, 동시조집 『뻥튀기 뻥야』를 썼다.
· 성파시조문학상, 울산시조문학상을 수상했다.

우리 엄마

일장기

타클라마칸 사막

멍때리기

우리 엄마

아슬아슬하고 깊이 있는 걸 전달할 수 없다 손바닥만 한 크기 텃밭 만든 걸 어떻게 아슬하다 말할 수 있을까 가로 일 미터 세로 오십 센티 깊이 이십 센티 스티로폼 상자 속 상추 시금치 방울토마토 쪽파. 한쪽 자투리엔 정말 심고 싶은 무를 심었다 그러기 위해선 텃밭 한쪽 흙 높이를 올려야만 했다 그래 뿌리는 하얗고 잎 쪽은 파란 이십오 센티 무를 키우자 어떻게 해야 할까 돌멩이 섞인 모래에 심을까 잎 자르기를 할까 섭섭지 않을 만큼만 물을 줄까 땅심을 키우지 말까 달팽이가 갉아 먹게 놔둘까 햇빛을 가리고 달빛만 먹게 할까 지구 중력을 순종하며 아래로 자랄 수 있게 영양분이 있었으면 좋겠다

무를 캤다 오십 센티 ㄴ 자 무

일장기
-모두 빨강이었다

　핵폭탄 터져 온 세상 불바다 되고 아버진 접이식 면도칼 하나만 들고 빠져나왔다 그 면도칼 마을회관 이발관에 빌려주었다 그때부터 나 잠들 때까지 새들은 울었다 마을이 수몰되고 이주 시작되고 면도칼 닳고 닳아 다시 아버지 손에 돌아왔다 그 후 면도칼로 이불 죽죽 난도질하는 아버진 면도칼을 손에서 놓지 않았다 무뎌진 칼 숫돌에 갈고 칼날 세우고 뭉텅 내 머리카락 한 줌 잘라냈다 한 번도 입어보지 못한 엄마 붉은 내복 긋고 찢고 텃밭 붉은 고추 잘려 나가고 대문 옆 백일홍나무 가지째 잘리고 담벼락 붉은 장미 싹둑 베어냈다 잘린 것은 모두 빨강이었다

타클라마칸 사막

사막의 바람이 아버지를 끌고 다녔다
모래바람을 따라간 아버지
어디로 갔는지 알 수 없고

사구들이 흩트려 놓은 시간을
견디어야 했던 어머닌
한쪽 발이 빠진 사막에서
빠져나오지 못했다

걷고 걸어도 서걱서걱 모래만 떨어질 뿐
어머닌 여우의 털에서
사막바람이 묻어 있어 좋다고
아버지가 주신 여우 목도리 좋다고
여우 목도리 한쪽 눈알이 빠져도 좋다고

여우 눈알을 왜 안 다느냐고 물으니
'바늘구멍이 안 보여서'
'달아야지 달아야지'
손안에서 굴리기만 했다

〈
어머니의 사막은 그렇게 따로 있었다
제 살을 붙이듯
그 목도리를 끼고 살았던 연유다

멍때리기

　장독과 장독 사이에 박카스 뚜껑 하나가 있다 그 뚜껑 위로 개미 오른다 박카스 뚜껑에 잠시 멈춰 입맛을 보다가 개미가 나간다 동쪽에 있던 해가 서쪽으로 기울고 박카스 뚜껑 속으로 햇살이 들어온다 박카스 뚜껑에 남은 액체 한 방울 반짝인다 해는 서쪽으로 더 기울고 박카스 뚜껑에 담긴 햇살 엄청나게 쏟아져 나온다 바람이 불어왔다

최영화
gjcyh@hanmail.net

· 2017년 《문예춘추》, 2022년 《상징학연구소》를 통해 등단했다.
· 시집 『처용의 수염』 『땅에서 하늘로』를 썼다.
· 세종문학상, 경주문협상을 수상했다.

이른 아침 해

발모랄 비치의 여인

귀지

그림자가 자랐다

이른 아침 해

가로등 빛 창문에 스며들고
검은빛 둑방으로 올라선다

토함산 봉우리 오로라일까?
반숙된 얼굴 드리워지고

강에서 자라나는 검은 물빛
갈대 희미한 소리

휘영청해 지고
나 사위어 가고

가로등 내려앉고

발모랄 비치의 여인

금모래 빙 돌아내려 와 앉은
빨간 비키니 그대
블루마운틴 별밤 투어 가자 말해 볼까

검은 립스틱 붉은 머리칼
풍만한 유방 쌍봉雙峰 비키니
해변에 누워 오로라 희롱하는
과자 하나 건넨다

움켜쥔 손가락에 오는 별빛, 대낮인데
가슴 일렁이는 파도
뒤꿈치 높여 아장거리는
금모래빛 경숙 씨

귀지

불국사
금동아미타불 앞에 가부좌하고

황금 불상 몇 돈쯤 될까?
국보로 지정된 이유가 뭘까?

*이놈아 그것도 몰라, 내 귀가 얼마나 긴지 한 번 봐
어깨까지 덮여 황금이 많이 들어갔겠네*

귀가 크고 길어 국보가 되었다니
중생들 말 많이 들어보라고?

올려다보니 귀 안에 가득 찬 귀지

눈감으니 부처님 귀만 어른거려
무릎에 올라 귀지 푹 파내니
내 귀 뻥 뚫리고
부처님 입가 뻥 뚫리고

그림자가 자랐다

작은, 그림자가 내 뒤를 따라온다
과자 사 달라 부채 손 흔든다
혼자 될까 봐 두려운 걸까?

4월 어느 날
해와 달 먹고 쑥쑥 자란 놈이
시드니 여행에 말도 없이 동행했다

비행기 탈 때 앞장서 걷고
만나는 외국인마다 나정한 친구 되고
트램 유람선 티켓 앞에서 끊고

오르막 오를 땐 뒤에서 밀어주고
무거운 짐 나눠 가볍게 들쳐업고

우리 집 신발 문수 제일 큰 놈

내가 놈의 그림자가 되었을까
그림자, 오후를 지나간다

김도은
jaworyun@hanmail.net

· 2015년 웹진 《시인광장》을 통해 등단했다.
· 2023년 제3회 시목문학상을 수상했다.

4월 27일 3시 15분

수평과 수직

태도가 작품이 될 때

패턴

4월 27일 3시 15분

  허기지고 배고픈 날, 어둠은 소파에서 뒹굴고 조각난 문자들은 눈앞에서 흩어진다 문자들은 별이라 이름 짓고 아침이 오기 전, 별들을 주워 담아야 한다
  기억나지 않는 어느 시인의 얼음꽃, 떠오르는 젊은 화가의 레드, MZ들의 회색빛 도시까지 훔쳐 달아나고 싶은 날,
  모니터 정원에 검은 꽃을 심는다 기억하는 화가의 붉은 꽃송이가 천장에서 빛바래져 핀다 아홉 살 어느 겨울날, 처마 끝 고드름이 얼음꽃처럼 널려 있다 얼음향 나는 꽃을 하루 종일 빨아 먹는다 단내가 날 정도로,
  MZ들의 회색 도시를 기웃거린다 별들은 회색의 곳곳에 널려 있다
  검색창 낯선 문자들, 허기가 몰려온다 한스가 소파에 앉아 나를 보고 문자들을 주워 먹는다 별을 먹고 얼음꽃과 붉은색 꽃도 따먹는다
  얼음꽃을 빨아먹는 한스 눈이 나를 빨아먹는다

  허기지고 배고픈 날, 모니터 속 나의 식탁에 한스와 나란히 앉는다
  내가 묻는다 한스야 언제쯤 배고프지 않을 수 있을까

수평과 수직*

  오늘을 모를 땐 선을 그린다 가로로 그린 선을 따라 세로를 그리고 가로와 세로를 겹친다 가로를 따라가다 아침을 먹고 나무집을 그린다 나무집에서 낮잠을 자고 해가 질 때 세로를 그린다 세로를 향해 가면 갈수록 나뭇가지는 뻗어 나간다 위로 오르다 오늘이 저문다

  내일이 와도 내일인지 모르는 날, 선을 그린다 가로를 따라 창문을 내고 창밖을 보다 비를 그린다 갑자기 내리는 비를 위해 세로와 세로를 그린다 는개에서 소낙비가 된 세로, 밤을 시샌다 내일을 모른 채 다음 날 선을 그린다

* 션 스컬리 전시회에서.

태도가 작품이 될 때[*]

문을 열면 어둠이 펼쳐져 있다
어둠을 접어 장롱에 넣는다
그녀가 얼굴을 접고 눈과 코와 입을 포개 장롱 속 서랍에 넣는다
팔과 다리도 접어 서랍에 넣고 말풍선을 쓴다 '어제 맑음'

어제 맑음을 접어 구름에 넣는다
구름을 접어 그녀의 주머니에 넣고 주머니는 서랍에 넣는다
서랍 속 주머니, 접힌 구름은 어제 맑음을 구긴다
그리고 말풍선을 쓴다 '오늘 맑음'

오늘 맑음을 접어 내일에 넣는다
내일에 오늘을 접어두고 어제를 구겨 넣는다
구겨진 어제, 접힌 오늘 내일의 말풍선을 만든다
'내일은 맑음일 거야'

* 박보나 에세이집 2019.

패턴

쓰고 있다 그리고 지운다
지우면 떠오른다 떠오르면 쓰려한다 쓰려하면 다시 떠오르지 않는다
떠오르는 것을 잡으려 하면 지워지고 지우는 것을 놓으면 떠오른다
쓰려하면 왜 떠오르지 않는 걸까

찾고 있다 그리고 잃는다
잃어버리면 찾고, 찾기 위해 잃어버린다
주머니에 넣은 순간들, 순간 사라지는 주머니
잃어버린 순간들 모두 어디로 갔을까

남자와 여자 마주 앉아 치즈가 놓인 접시를 보고 있다
여자가 스푼으로 눈을 가리고 남자는 접시를 보고 있다
둥근 접시는 두리번거리고
그 많던 치즈는 어디로 갔을까

박순례
Sy3456kr@hanmail.net

· 2016년 《여기》를 통해 등단했다.
· 시집 『침묵이 풍경이 되는 시간』 『고양이 소굴』을 썼다.
· 울산문학 젊은 작가상, 울산詩文學 작품상을 수상했다.

싹이 돋아나는 중일까?

새 길을 내다

열대성 저기압들은 왜 바다로 빠져들까

고요가 깨지는 오후

싹이 돋아나는 중일까?

물에 발 담근 지 오래다
정자 바닷가

처음 와 보는 카페
손님들로 붐빈다
하나의 점이 되어 그림이 된다
벽마다 아이들 웃는다

배를 정박시키자
카페 벽 속에 결박된 난
무지개로 뜬다

일곱 색깔 길게 솟구치고
그중에 노랑 초록 주홍 들이마신다
뱃속이 부글거린다
아침에 삼킨 알약들 싹이 돋아나는 중일까?

싹이 돋고 개나리가 피고
진달래가 웃음을 준비하는지

〈
또 계절 하나 겹치는 걸까

아메리카노 한 모금
뱃속을 평정했나 보다

나는 왜 하얗게 바래질까, 싹이 돋는 갈색빛

새 길을 내다

양초의 구부러진 심지를 세웁니다
흔들리는 불꽃을 봅니다

저게 오늘의 내 모습?
강가에는 새들
소리 요란하고

심장이 요동치고
강 속 물소리도 바쁘다
짝짓기하는 까치
봄은 더욱 요란하네요

꽃망울 터지는 소리도 보입니다
나는 나를 뻥튀기라도 하며
꽃들에게 말을 걸어봅니다

내가 갈 새 길을 묻습니다
이제 내비게이션을 정합니다
〈

돌아오는 길은 표시하지 않아도 됩니다

사라져 버리는 심지는
그때쯤 촛불도 꺼져있겠지요

열대성 저기압들은 왜 바다로 빠져들까

카페 투썸 플레이스 바다를 내려다본다
파도 돌돌 말려들다 펴진다
누군가 건반을 두드린다
피아노 뛰어오르고
파도 뛰어오르고
가만, 저 가락 얌전한 수녀인가
아니 매춘부인가

피아노가 있다
그녀들 오늘 밤은 어떻게 연주될까
한 옥타브를 뛰어오르면 수녀와 매춘부 자리가 바뀌고
가락을 섞으면 서로가 섞여 드는지 몰라
음계를 고르자 파도가 펄럭인다
저것들은 왜 슬픔 쪽으로 몰려가는지
두고 온 것들이 아름답다, 눈을 감는다

고요가 깨지는 오후

깨금발로 걷는다
끝은 보이지 않고
걸음에 힘이 빠진다

설거지를 한다, 고요를 깨는
사이렌 소리
사방은 깨지고
불이 났나
흐린 눈에는 밝은 연기로 보인다
빈손이 내려온다

사이렌 소리 점점 작아지고
서로의 표정을 읽는다

천정을 살핀다
모른 척한다
소방 시설이
일탈인가 보다
소리죽여 웃는다

박장희
change900@hanmail.net

· 1999년 《문예사조》 등단, 2017년 《시와시학》 신춘문예에 당선되었다.
· 시집 『파도는 언제 녹스는가』 『그림자 당신』 『황금주전자』 『폭포에는 신화가 있네』를 썼다.
· 울산문학상, 장폴 사르트르문학상 대상, 울산詩文學賞, 함월문학상, 울산불교문학상 등을 수상했다.

출발점은 구부러진 지점에서부터였다

드라마

왜, 강과 매미는 같은 선율로 흐르는가

발바닥이 근질근질한 날

출발점은 구부러진 지점에서부터였다

벌레 몇 마리 기어간다
구부러진 허리를 추스르며
늘어진 배와 발가락을 끌고 간다
장벽에 부딪힌다

하나가 무리를 넘어갈 수 있을까,

무리가 하나를 밀어낼 수 있을까

날개에겐 날갯짓이 전부, 꿀이 되지 않는데, 무리가 선택한 문장이 늘 절창으로 빛나는 것도 아닌데, 예술성이 뛰어난 작품도 아닌데, 인맥으로 이뤄진 과잉된 검정이 튀는 보라를 둘러싼다

무리의 논리 앞에
피가 될 뻔한 보라
검정 영역 넓혀가고 진해질수록
뛰는 심장 더욱 붉게 뛰지
〈

세상을 향해 기어오르던 보라
절벽의 밧줄 같은
나이아가라 말굽 폭포로
휘몰아치는 힘, 더욱 세어지고 강해지지

허리가 구부러지고 발가락이 구부러진다
서로 구부러지고 서로 걸려 있다
이미 출발점은 구부러진 지점에서부터였다

내 입으로 내가 말하고
우린 우리를 얘기해야 하는

드라마
-카미유 클로델 「성숙의 시기」

당신의 그림자에 가려
봄이 없는 회색빛 계절을 살았습니다

늘 지시하며 시야를 가로막던 당신
밤낮없이 깎고 새기는 연습
웃고 우는 소음들
나를 지치게 하는 당신의 명성으로
내 깔과 빛을 잃었습니다

속내를 드러내지 않는 떨떠름한 바람과 햇살로 스치고 갈 때마다 보이지 않는 사슬에 온몸이 묶인 듯, 때론 숨 막히는 침묵에 내 안의 동력 멎고 때론 당신의 숨소리가 그리워 호흡곤란이 오기도 했습니다

출구가 입구 되고 입구가 출구 되는
당신의 숨소리는 언제나 거칠며 시끄러워
소음과 진동으로 시달리며
세월의 쓰디쓴 물결을 흘려보냈습니다
〈

내 회색의 계절은 채색의 사계가 눈물 나도록 그리워
당신을 모조리 삭제하고 싶었습니다
그러나 무릎 꿇고 당신에게 애원도 해보았지요
내 손은 결국 허공만 잡힐 뿐

그때 나는 알았습니다 어쩌면 끝없는 사막보다 더 메마른 힘든 내 처지이지만 당신을 위해 내 의지와는 반대로 흩날리는 스카프, 어쩔 수 없는 운명, 얼룩으로 저장된 지난날 눈물로 흘려보내고 당신을 보내드려야 한다는 것을

운명의 손은, 놓아주는 법을 가르칩니다

하늘 한 번 바라보고 눈 감았다 떠보니
사람들의 표정과 풍경,
하나하나 채색으로 빛납니다

그림자와 빛이라는 제목
드라마 한 편을 찍었습니다

왜, 강과 매미는 같은 선율로 흐르는가
―아리스티드 마이욜 「강」

텅 빈 두 팔 양껏 벌렸지만, 산은
가슴으로 되돌아오고

시선 바위 가로지르며
어둠은 발아래 뿌리내리고

다가오는 어둠은 잘 보면서
뒤따르는 빛은 보려 하지 않는지

텅 빈 그림자, 벽에 기대 구부러지고

버드나무 매미 소리
산그림자를 밟고 더 솟아오르고
강물은 방향을 튼다

강과 매미의 주파수는 같은 각도로 굴절되고

등 뒤에 기어오르는 빛살
강물의 굴절은 수평의 질문이 되고

〈
젖은 나를 물속에서 끌어낸다

나는 또 다른 물속을 찾아들고,

매미의 솟아오른 울음
눈동자에 허연 그림자로 남고

산이 왜 구부러지는지

강은 왜, 구부러지며 흐르는지

나도 저 강물 따라 몸을 벌렁 구부린다

구부러진 모든 것 속에, 곧은 길이 숨겨져 있는 것을

발바닥이 근질근질한 날

발이 바닥을 치고 나아간다
발바닥 속에 잠든 힘은 클지도 모른다

황방산 등성이를 맨발로 밟는다
풍경을 체감하지 못했고
내가 나를 알아보지 못했다
발자국이 보내는 질문, 산길이 넘기는 답변
나는 밟히어 묵묵부답이다

낮은 목소리로 울퉁불퉁한 길을 부른다
울퉁불퉁해져야 뇌가 똑똑해질까,

나뭇잎이 하늘을 똑똑하게 만든다

발이 바닥에 닿는다
바람, 인연으로 파고들다 어디쯤에서 끊어졌을까,

방향 잃고 돌아오지 않는 길
〈

나뭇잎 떨어진다
발은 못 본 척하며 바닥을 지나간다

아무 말 하지 않는다

발자국과 발바닥의 짧고도 긴 문답
어렴풋이 그림자 되어
발은 묻고, 나는 답한다 그 대답이 나를 만든다

오르막 내리막으로 사람이 꽃으로 지나가는 하루

황방산을 오르는 동안 사유하는 발이 되고 싶었는데

바닥은 나를 요구하지 않는다
그 무엇도 다만 발은 묻는다

나는 무엇인가, 바닥은 무엇인가,

윤유점
stoneyoon@hanmail.net

· 2007년 《문학예술》, 2018년 《시문학》을 통해 등단했다.
· 시집 『내 인생의 바이블코드』 『귀 기울이다』 『붉은 윤곽』 『살아남은 슬픔을 보았다』 『영양실조 걸린 비너스는 화려하다』 『수직으로 흘러내리는 마그리트』를 썼다.
· 한국해양문학 대상, 부산진구문화예술인상 대상, 부산문학상 대상 등 다수 수상했다.

광대승천하다

만족한 코뿔소

같거나 다른

스팸 메일

광대승천하다

　분칠한 대물림 아비는 연희광대였다 비장한 산맥들이 한없이 올라갈 때 희화된 몸짓으로 세상을 조롱했다 환영 속에 띄워 놓은 외줄에 매달린 목숨 웃음기 싹 사라진 눈동자 지켜보며 멀리선 아비의 생을 달빛 속에 숨겼다 바람은 물러서는 나무를 따돌렸다 깊어진 조울증에 적막이 스며들 때 형형한 아비 얼굴은 슬픔처럼 웃었다

만족한 코뿔소

 어둡고 좁은 방 한 줄기 빛이 서린다 내면에 바깥이 없다고 믿고 있는 거미와 늘 불평만 늘어놓는 불만 존자가 살고 있다 사람들은 그들을 향해 영혼의 단짝이라고 말하지만 거미는 그렇게 보일 뿐이라고 웅얼거린다 사방팔방 쉼 없이 그물을 치며 하강을 도모하는 거미, 언뜻언뜻 반짝이는 거미줄에 눈을 뗄 수 없다 은밀한 세상을 향해 끊임없이 매달려 있는 불만 존자는 바람의 냄새를 맡는다 측량할 수 없는 깊이로 떨어지는 꿈, 깨져버린 바깥이다 지금 이대로 운명으로 얽혀있는 오후 한나절, 한때는 깨달음에 이른 존재였을 거미와 불만 존자 재빨리 기억의 장을 넘긴다

같거나 다른

풍문에 걸려든 우주선
귀를 쫑긋 세운 안테나

안 본 척
못 본 척

질척거리는 곁눈질 세상
벗어날 수 없는 공전궤도

무언의 진리 속에서
높고 낮은 의식의 감각

자유의지를 탑재한 채
우주미아로 떠도는 행성

공공선을 향한 텔레파시
지향 없이 증폭되는 간극

서로를 향해 폭주하는
광기 어디서 오는가

스팸 메일

감각이 무뎌진 나는
마다가스카르섬으로 간다

바닷길이 어디서 시작되는지
당신이 내게 줄 바다는 보이지 않는다

세속의 처지를 챙길 수 없는 수평선
바닷속 수많은 사연들 끌어 올리지만

존재하지 않는 별자리에서 온 빛
어느새 가득 채워진 무의미들

자동 선택된 상형문자
내 뜻에 부응한 채 삭제된다

어슷한 절벽에서 밤바다
찔러대는 손가락원숭이

갈비뼈만 남은 나는
물구나무선 세상을 엿본다

김숲
misuk2431@hanmail.net

· 2014년 《펜문학》을 통해 등단했다.
· 시집 『간이 웃는다』를 썼다.
· 등대문학상, 한국해양문학상, 제2회 시목문학상을 수상했다.

눈 속의 갈대

봄, 파도

고향 가는 길

이카루스

눈 속의 갈대

당신의 눈 속엔 갈대가 자라고 있다
눈두덩과 경계를 이룬 각막
바람 불면 섶 비빔질 소리로 뜨거워지고
그곳에 방게 칠게 짱뚱어 숨어 살고
개개비 붉은머리오목눈이 물새 떼들
유리체 속을 날아오른다
은종 소리 뿌려 놓은 듯
갈대꽃, 수정체처럼 반짝거리기도
속눈썹에 맺힌 눈물방울처럼 빛나기도 한다
산다는 건 습지에 발을 담그는 거지
눈물샘 차오르듯 발밑이 습습하다가도
햇살의 기울기에 따라
은빛 금빛으로 채색되기도 하는,
망막 속 노을이 지면
고단한 날개로 찢긴 차가운 달을
가로질러 가는 기러기들
비문증처럼 동공을 스쳐 간다
숭숭 뚫린 뼈마디마다 서걱거리는 겨울
바람도 눈도 쉬어가라고

갈대꽃 솜이불을 활짝 펴놓는다
뼈가 있다면 울음이었을까
울음 빠져나간 그 자리,
새파란 바람만 돌올하다

봄, 파도

벚꽃이 화사했다
울음을 들키기 싫어 온 새벽 바닷가
파도치고,
차 안에 음악을 꽝꽝 틀어 놓고 고래처럼 운다

묵음의 거리에 있었으나 없던 사람
그의 트렌치코트도, 머리칼도
모래사장의 뚜껑 열린 컨버터블 자동차도 파도였는데,
눈을 열고 그가 들어온다

차에서 내려 수평선 너머를 바라보는데
사그락, 들렸어요
파도 소리에 울음을 묻기 좋죠
떠나보내기도 좋고

바람일까,
갑자기 퉁퉁 부은 눈이 부끄러워지고
그의 차에 덜컥 타 7번 국도를 달려 달랄까

고향 가는 길

　버스 사이드미러엔 계곡물이 쌍다리를 지나 마전터를 돌아 삼선교로 흐른다 복숭아, 앵두, 포도가 유난히 많은 동네. 사람 서 있는 곳이 바로 정류장인 동네. 빨강 파랑 철 대문. 거울 속에서 어린 시절 내 웃음이 흘러나오고 거울 속 또 다른 나를 바라보는 나.
　거울 속엔 모종의 음모가 있는 듯하다 흑백사진 속 빨간 스웨터를 입은 나와 버스 속의 나, 손을 흔든다 치명적인 마법이다 이제 나가고 싶다 스스로 깨지지 않는 거울. 돌을 던지면 거울이 아닌 '나' 수백으로 조각날 것 같다 왼쪽 귀 오른쪽 눈 아랫입술 코 흩어질 것만 같다 날벼락이다 고향길, 거울 속에 갇혀버렸다

이카루스

 날 수 있는 건 몸속에 허공을 두고 있다 새처럼 가벼워질 수 있다면 욕심 하나하나 던져버리면 날 수 있을까 뼛속까지 비워 낸 자만의 특권. 불새가 되어 태양을 향해 날아간다 풍선처럼 부풀어 오른 허공이 날려 보내는 곡선으로, 아니 사선으로 날아오른다 비행의 날개를 자르는 건 태양의 차가운 칼날. 허공이 갈라진다 핏빛 추락이다 허공이 빠져나간 몸에 울음이 차오르면 자아분열을 일으킨다 어둠 속을 헤매다 돌아와 찢어진 날개를 붙인다 깃털, 바닥에 낭자할 때 눈물은 훨훨 날아오른다 잃어버린 날개 다시 돋아날 때까지 걸어가야 한다던, 미궁 속에 갇혀 날지 못하는 슬픈 종족. 두 눈에 사막의 눈동자가 새겨진다 마른 가지 같은 몸에서 바람 냄새가 피어나고 걸어도 걸어도 신기루뿐이다 상처도 날개를 달아주지 못하는, 아무 일 없었다는 듯 허공이 빽빽하다

김뱅상
sukhee1796@hanmail.net

· 2017년 《사이펀》으로 등단했다.
· 시집 『누군가 먹고 싶은 오후』(세종우수도서 선정) 『어느 세계에 당도할 뭇별』을 썼다.

태풍이 지나가고

아스파라거스

카페베네 2층, 혼자 둘이서

삽화가 된 휴지통

태풍이 지나가고

선, 무참히 뚫고 지나가는
저 안에 내가 있다

커피를 타 놓고, 잠이 들었다
딱 3초간이었다 김이 나가기를 기다리는

음자리표도 없는 오선 늘어지고 있다

모서리, 별빛 속으로 스며들고
너럭바위에 앉은 반원의 원주율, 휘어져야만 값이 나타날까

선 위에, 있다 누구는 곡선이라 하고 다른 이는 직선이라 한다 가운데 선 나는 어느 쪽으로 기울어져야 하나

내 위에 내가 눕는다 다리를 포개고 공중에 손바닥을 포개면 숨어있던 흰 반원이 나타날까?

바람 속으로 나를 긋는 소리들 지나간다 선이 휘는 소리

아니 반원이 원주율을 견뎌내는 소리

#을 당긴다
맞닿은 곳 어디쯤인지, 휘돌아 나오는 음들
두 옥타브, 밝다 높게 반원 튀어 오르는

아스파라거스

돈까스 옆에 장식된 자그마한 그것의 이름을 더듬어 보는 시간

'아'하며 붉은 심장 같은 양대 보며 그것을 생각한다

포크로 그 여린 것을 집으려 들면 머리를 번쩍 들고 일어나서 집으려다가도 적색 양배추샐러드에 손이 갔던

찔레순처럼 생긴 그것의 끝에 있는 돌기들 내게로 향할 듯하고

'그'하면서 입안에 맴돌 듯하면서 뱉어지지 않는 가운데 아 아그 아그리워,

'파' 아그리파`, 그래 아그리파였지 잘생긴 그것들과 이름이 닮은

그 손가락처럼 생긴 그것을 포크가 엉덩이 간질인다
〈

'라'한 그것처럼 생긴 그것이 접시 위에서 돌며, 표피를 싸고 있는 돌기들은 어떻고

'거'한 그것들 베이컨을 돌돌 말아 먹는 맛은 '아',

'스'산한 저녁 그것을 아작아작 작살내고 있다 아 아그 아그리파 아스피린 파라다스 아그리파라다이스, 접시 바닥이 보이도록 아 그 리 파 먹는다

* 고대 로마의 석고상 이름.

카페베네 2층, 혼자 둘이서

골목을 떠올립니다. 설레던 작별
산국 몇 송이 울었던 것 같기도 하고

뒤꿈치가 가려워지고 그림자, 모서리가 접히던
몇 발작 앞서가던 오후

*

등을 맞대면 딱딱해 집니다 혼자가 둘인 이유
머그잔에 담긴 카페라떼 한 잔 소주보다 쓴 탓입니다

삼거리 현대슈퍼, 간이의자 한 쪽이 기울어지던
잔도 없이 병나발 기울이던, 여자
사내, 입술이 오물거리던 거짓말이라든가……

겨울이라니……

식은 소주가 목젖을 쓸어내리고, 갈변한
목소리

(아, 추워) 어깨를 들썩이며 골목을 돌아나갑니다

바람 지나갑니다 마른 골목을 들썩이며
접힌 모서리를 들추지만
그림자 속의 그는 그가 아닌, 뒷걸음치고

설레죠, 아니 황홀하죠, 막다른 등을 허공에 기대면
제목도 모르는 노래 몇 소절

*

선인장을 키운 적 있어요? 그가 물어 올 것도 같아 물음보다 먼저

노, 해버린 나는
선인장 몇 쯤 말려버린 여름 어느 페이지를 또
간절히, 찢어버릴 수도 있어요

하나가 둘이거나 둘이 하나이거나, 가시가 자랍니다

뾰족해진 우리는……

*

골목을 사정없이 달립니다 어디라도 도착하겠지요
낯선 곳이면 좋겠습니다

삽화가 된 휴지통*

머그컵?

휴지통 앞에서 말이 꺾인다

보도블록 한 장쯤, 기울어진 머그잔에 스트로를 꽂아 넣자
뭉그러지는 속엣말 몇 모금

와글시끌, 끌려오는 발바닥 조각들
가로세로들, 콜라주

나 왜 휴지통 앞에 서 있지?

                    *

얼굴 따윈 필요 없어, 뒤통수를 반쯤 기울여보면 알아
숨은 것들이란 가장자리 쪽으로 기울거든

머그컵을 뒤집는다 오토바이 소리 자동차 소음 엎어지고
소프라노, 어제 죽은 여배우의 대사 비스듬히 선다
〈

공중으로 돌아가려는 것일까?
너와 난 어깨를 들썩였잖아, 어슷 햇살이 잘려나가는 찰나였어

라운드 미드나잇 흐르고
피카소 달리 에른스트 마그리트, 지나가고
머릿속에 엉겨드는 토끼 여우, 이건 뭐! 짐승도 아니고……

비스듬한 것들은 늘 새롭지
저 휴지통 좀 봐, 기울어 있잖아 오늘은 취하지도 않았어

*

미술관 앞, 제 발로 걸어 나간 발바닥들 자꾸만 말을 걸어오고
난 머그컵이나 툭툭, 기울이며

* 르네마그리트 「삽화가 된 젊음」 변용.

이선락
blue-dragon01@hanmail.net

· 2020년 《울산문학》, 2021년 《동리목월》, 2022년 〈서울신문〉 신춘문예를 통해 등단했다.

꽃병을 흔들면 울음은 어쩌자는 거야

흰, 검은 빈칸

냉장고에서 무를 꺼내 코끼리라 우겼다

쿵쿵소

꽃병을 흔들면 울음은 어쩌자는 거야

계절 하나, 널브러져 있다
여자 지나가고 비가 오고, 바닥이 뒤집힌

별자리인가, 물병자리 자라고
바람, 꽃병이 쏟아진다

*

그녀를 꽃병에 꽂는다 물기라곤 없는
(삭제된 메시지입니다), 고양이가 자라기 시작한다

웃자란 별자리를 더듬다 솜털 달린 발자국을 풀어놓는다
별들은 보송해질까?

*

여자, 돌아온다
꼬리가 하얘진
〈

고개를 돌렸는데, 거꾸로 선 계절
누가 이렇게 울음을 촘촘히 묶었담? 눈동자 속의

메시지들, 삭제될까?
비가 오고

꽃병 널브러지고, 나…… 통째 뽑혀 나가고

흰, 검은 빈칸

영지 얘기를 할게요 짐짓, 나를 잊어버렸다
돌탑도 아닌, 그림자의

*

눈사람 하나 낮게 깔리고, 고양이가 새어 나왔다
(찻물이 다 끓었어요)

무릎이 푹푹 빠지는 고양이 속으로 눈,사람이 묻히고
  끝이 갈라진 볼펜으로 그림자를 그렸…, 귀가 큰 눈사람
이 생겨났다

  허공, 오브제들
  뭉개져 내린

  이 표정들, 쓸만하지 않나요?
  그림자를 잃어버린

*

어두워져야 합니다
그래요, 45㎝입니다** 하얀,을 더듬으면

검은,이 나타났다
나는 나를 뭉갤 수 없어요 끓일 수도 없어요,

잊어,버린 게 뭘까
눈사람들은……………………………………………
………………말해주지 않았고

                        *

(　　)도 검은,도 잊어버려서 고양이는 나타나지도 않았고

b가 죽었다 내게
미술관 다녀온 얘기를 자세히 해줘, 보채던

* 경주시 외동읍. 무영탑의 전설이 서려 있다.
** 마크 로스코는 자신의 작품과 관람자 사이에 아무것도 놓아서는 안 된다고 말했다.

냉장고에서 무를 꺼내 코끼리라 우겼다

팬티에 대한 비구상입니다 하얀,
줄무늬의

호랑말코'를 읽는다

크레용 흐드러진 하양을 읽다가
행간을 더듬자 코, 뭉개지고

무늬들 말려 올라가고
배꼽마저 허옇게 벗겨지고

안단테 칸타빌레, 말풍선들 터지는 심포니
호랑, 무늬가 하얘지고

광고 건너뛰기, 지하 1층엔 물방울 듣기 시작하고
말,은 어디 갔을까?

빈칸을 읽는다 글씨들 흐트러진 종이 위로
호랑나비가 날아가고

〈
이미지 따윈 남지도 않아서
팬티가 벗겨졌을까? 종이 위에서

내가 어디서부터 사라졌을까,
검은 크레용으로 코끼리나 그려넣……

* 김언희. 문학과지성 시인선.

쿵쿵소*

세 번째 구름, 돌아나갔다 마른 물빛이었다

또,
돌이 흘렀다 돌아오지 않았다 고양이를 안고 떠났던
바람만

거짓말이 되었다 물어보지도 않은 대답이었다
갈겨니들 지나갔다

전화를 걸었다 사라진 숫자의 무슨 무슨
얘기가 들려왔지만 돌아, 돌아나가는

오른쪽의 나를 왼쪽 빈칸에 옮겼다
숫자는 거짓말에 비례해야 한다, 돌이 지나갔다

오류동은 서울이었다 사실 내가 왜 강원도에서
 고양이를 길렀는지 알 수 없다 늘 듣던 이름들을 늘여놓아도
 〈

여자,인지는 자주 헛갈렸다
그런, 날들이 있었다 물돌이였던

* 횡성군 강림리 예버덩문학관 앞의 소(沼).

황지형
rmfldna2002@hanmail.net

· 2004년 《시와비평》, 2009년 《시에》를 통해 등단했다.
· 시집 『사이시옷은 그게 아니었다』 『내내 발소리를 찍었습니다』를 썼다.
· 명지문화예술상을 수상했다.

갑작스럽게 나타난 빗자루

멀어지고

다음 돌로 건너갔어

크기별 아줌마

갑작스럽게 나타난 빗자루

등짝 후려치는 손바닥, 이 종이 속에 나는 피신해 있다
적막適莫을 눌러쓴 히피로
목소리 없는 스텝으로 말은 자라고, 맨눈은
낱말을 옮기고 있다

나는 이목구비다
뿌루퉁해 있는 체언으로 변신 중인 활용이다
문법을 지킨 맨눈이다
자리 바뀐 얼굴이 마주 보는 문장으로

고문이 세지고 있다
맨눈에 블라인드를 치는 단호한 말들의 집합체
글씨를 쓸고 날아가는 검은 마녀야, 너는
면사포를 숨기고 오는 낱말이다

달빛이 어둠 속 야경으로 뿌옇게 희미해지면서
밤바다에서 안개가 올라오고
좌표 없는 내가 찾는 난지도의 얼굴이 떠오르고
슬픔과 기쁨을 나누는 조위금을 보내오고

〈
먼지가 먼지로 있던 사전에 먼지가 쌓인다
확장된 눈이라는 충혈된 눈으로부터
주어가 없고, 동사도 부사도 없는 일등항해사
사전의 권위에 도전장을 낸다

정오는 돛대에 걸린 자
적막은 주위를 빙빙 돌아서 항해해
살아 있는 자와 죽은 자를 교체하는 체언이라면
오호라 나는 국립국어원에서 주어로 존재하는 태양

자루, 자루, 빗질! 날마다 비非를 쓸어버리는
이 형태에 너도 피신해 있다
이 기분이 가능하도록 빗자루가 지팡이로 탈바꿈한
이 감동법이 계속 전이되는 빗질

자루, 자루, 빛빛! 저 무한이 튼튼한
백수에 나타난 정오라면
오호라 그림자가 짧아진 네 개의 다리

이 종이는 신자와 불신자의 앞마당, 말들이 몰아가는 파고

어머니와 아버지를 호칭하는 주어를 지칭해
언니와 여동생과 그 배우자를 표 6-24에 앞세워 놓았을까
주어가 없는 청첩장, 감탄사는 얼굴 밖이니
이 종이에 하객을 초청할 것인가

멀어지고

나는 백야
눈이 있다 모래가 있다 바람이 있다
모래는 야생이라는 영감을 에워싼, 그 바람은 불을 태워
빙원으로 눈동자를 돌려보내는 생물生物이다

모래에서 태엽을 감는 바람이 사각사각 흘러내리고 있다
저것은 언덕 저편 사구의 결에서 불어오는
눈 뜬 자들의 슬픈 진동
울음소리 잔물결조차 없이 어린 모래들 쌓이고
잿더미와 얼음기둥에서

나는 모래
오동나무 관속의 연화에서
머물면 머물수록 엇비슷해진 맛을 내는 소금
사막에도 물거품이 떨어지게 만드는
전지전능한 권속

검은 손등에서 흘러가는 뼛가루
전생과 후생으로 흘러가는 하늘 꼭대기

죽을힘을 다해 전진과 후진을 반복하는
공정한 심판자는 커튼 같은 모래폭풍
이것이야말로 꼼짝하지 않고 그 자릴 지키는 존재들

바람이 잔다
밑동도 없는 뿌리가 멈춰 선 화장터에
뒤꽁무니 빠진 갑판과 함께 자선함처럼 선해지는데
이십사 시간 낮인 백야에서
오로라 빛 쇼를 관람하는 관광객과 한통속이 되어
냉동고처럼 북풍이 되고 있다

구덩이는 영혼을 지탱해 준 자들이 무無로 돌아가는
빛의 안식처이자 급유기
두개골이 쌓이고 다시 돋을새김으로 만들어진 기괴한 융프라우
밤새워 태운 화덕에서 내세우던 등뼈가 부서지고
흰 모래알들이 푹푹 나아간다

다음 돌로 건너갔어

눈에 불을 켠 조약돌이 있다
기쁨과 슬픔의 통로가 없는 두 눈이다
놀라고 빵빵거리고
손안경은 할 필요도 없는
통로가 된 두 눈
어디에서 온 것인지 뒹구는 조약돌 책상 위에
증표처럼 찍힌 브레이크
불길 세례가 짙어진다
뜬금없이 시동이 걸린다
비밀을 누설한 사람은 속도를 잘 낸다는데
말 잘 달려요?

나는 팔다리가 비틀거리는 현기증이다

두려움이 붙은 경적이 흩어지고
경주마처럼 부딪지 않으려고 반대쪽에 놓인 수저세트
박제된 생을 사는 칩거 생활
지붕에 앉힌 별과 달이 버킷전쟁처럼 이어진다
동방박사 같은 오빠는

아라비아 숫자를 자꾸 맞추고 있는 소녀에게 관심을 두었다
같은 방향으로 걸었으면 좋겠어요
보이지 않게 되어버린 정물처럼
버스와 택시를 탈 때 몸짓 하나가 개별화되기 전
머뭇거림과 각각의 투명성을 팔다리에 부여하는 자율성을 믿는 사람처럼
약속도 없는 조약돌을 지키기 위해
책상에서 멀지 않은 곳으로 와 있다
은밀한 경쟁자를 모르는 척 외면하면서
비평가로 차로 뛰어들게 두고 오른쪽으로 균형을 잡으면서
강하고 웃음기 많은 얼굴로 고집이 많은 두 뺨을 어루만지면서
이웃한 속도를 높이면서 음표들만큼 뒤섞인 유형에 빠져들고
어색 찬란하다
조약돌 고양이야
핥는 헛바닥에 바늘이 돋으리
책상 위의 조약돌이 증표다 아무 말도 없는 조약돌의 증표다

형광등 불빛에서 이탈한 조약돌도
멀지 않은 곳에 도착해버린 내 애마의 말도
나는 와이퍼를 작동하기만 했는데
그가 내 두 눈을 가로막는다
눈을 막아도 열린 길들이 막 들려온다
자갈들은 눈곱이 되어 데굴데굴 굴러와서
막힌 귓구멍으로 들어와 목구멍에 부딪친다
눈이 막혀 쳐다보지 못한 혜성이 절벽으로 떨어진다
움직이지 않는 조약돌을 사랑한다
화이트보드의 글자를 하나하나 읽듯,
조약돌을 문지르고 옮기다가 성이 무너지듯 문질러버리기로 한다
매일매일 문지르고 문지르면 사내가 튀어나올지 모른다
귀를 열고 입을 닫으면 그 사내가 아니다
당신 아닌지 알지
당신은 돌이 아니잖아
경악하면
두 눈에 불을 켜고
말 좀 놓자

왜 모래알만큼 낙담하고 분노하느냐고
책상 위에서 조약돌처럼 가만히 앉아 침잠하느냐고
처음 조약돌을 옮겨 온 날은 알 수 없지만
햇볕에 그을린 얼굴은
행간과 행간의 구멍으로 좁혀 온다
두 개의 눈구멍으로 똑같이 좁혀 온다
인조로 만든 속눈썹부터 두 눈의 거리까지 좁혀 온다
시야에 놓인 조약돌
내 조약돌이 무너져도 공공연히 지속된 믿음이다

크기별 아줌마

 머리카락을 보수하고 싶었다 머리카락을 오른손으로 넘겨야 할지 왼손으로 넘겨야 할지 헷갈렸다 벌써 여든 번째 머리를 감고 있다고 했다 머리카락으로 묶어 둘 수 있고, 굽슬굽슬한 볼륨감이 있다 볼륨감이라기보다는 생동감이라면 뽑혀갈지도 모른다 익숙한 손동작은 길을 잃어버렸으므로, 마치 두피에 박힌 듯, 머리에 결박되어 있다 이제야 파 뿌리가 될 때까지 하루를 천년같이 살아야 한다는 말 이해하기 시작했다 파 뿌리가 머리카락이고 머리카락이 파 뿌리라는 말, 이런 말 미래시제를 배울 때에야 쓰이는 말이야 파 뿌리가 파마머리를 유지하게 되는 영속성의 원리, 이런 파 뿌리가 어디 있겠는가 아직 몇 개의 파 뿌리가 내게도 남아 있고, 육수를 내기 전 너는 생동감 넘치는 사람이었다고 했다 왼발을 지탱하고 있는 뿌리었다 도마 위에 놓이게 되었다고 했다 파 뿌리가 된 머리카락의 균형은 미용실에서 상담할 수 있다 왼다리를 너무 믿어버린 오른 다리에도 지렁이가 꿈틀거리고 있지만 두피 아래 실핏줄은 잊혀 진다 몇 년 전까지만 해도 검은 머리카락이었던 내가 이런 파 뿌리가 자랄 거란 걸 생각조차 없었다 두피가 아프지만 이대로 파 뿌리가 자라나가면 더 아플 것이다 전에도 피가 묻은 두피를 본 적이 있어, 나는 파 뿌리를 뽑아 버리면 검어진다는 말을 믿었어 처음 시작은 파종이었어, 쪽파와 대파를 나누는 가르마가 필요했다 스타일이 다른 저마다의 이름을 만들고 나서야 알았다 황말남에서… 황다예로… 황지형에서… 한송이로… 나는 파를 사러 갔다 솔직히 말하면 필요해서 사러 간 건 아니었어, 파가 필요하단 얘기를 들었고, 나는 불필요한 파 뿌리를 자르고 싶었고 너무 많은 파 뿌리 때문에 새하얀 머리카락으로 다니기 힘들었다 나는 파 뿌리가 덜 보이는 색을 칠했어, 검은 머리카락이 없어졌다 두피는 잘못이 없었어 미용사도 잘못은 없었다 두피는 단단한 바가지로 위장하고 있었어, 두피를 똑똑 두드려 보았지만 파 뿌리라고 했다 쪽파라고 했나, 연결 부위는 물렁물렁한 대파라고 했나, 그런 파들이 틀렸고 오래된 파를 사 온 내가 잘못이라는 말도 들렸다 그리고 당장 24시 편의점으로 가서 파를 환불해 오라고 해도 두피가 얼어 갈 수 없는 겨울이었어, 그날 나는 계단으로 내려가 파 뿌리가 다 된 머리카락을 잘라 달라고 했다 주례사를 했던 은사님은 걸음아 나 살려라 줄행랑을 친지 오래되었지만 그날 행진에서 승자는 나였지, 나를 본 하객은 포장이 다 뜯겨 나간 묵묵한 표정으로 지폐가 들어간 봉투와 식사권을 받았다 허리까지 머리카락이 내려왔을 때, 그때 나는 스물한 살이었고 눈웃음을 지었다 이렇게 파를 생각하며 날 뒤돌아본다는 게 오랜만이지만 허리까지 내려오는 파 뿌리는 불가능한 일이다 그때는 삼십 년 후의 파를 상상하지 못했으니까 일주일 동안 생글거리는 눈웃음만 지을 수 있었어, 그런데 지금은 고작 어깨도 두드릴 수 없군, 나의 왼발은 파를 올려놓은 오십 세 번째 계단에, 너의 오른발은 오십 여섯 번째 계단에 위태로이 걸쳐져 있는 것 같았지 내가 머리카락 수를 정확히 셀 수 없는 건 눈동자에 뿌연 테두리가 생기기 시작했으니까 하나, 둘, 셋, 넷, 다섯, 여섯. 파 뿌리를 세면 안심이 된다 그렇게 두피를 두드리면 뽑아 던질 수 있는 쪽파가 있고, 대파들이 있고, 당신이 좋다면 매운 양파가 될 수도 있다 머리를 감을 수 없는 지금, 배수구가 막힌 세면대는 지금, 말할 수도 소리를 지를 수도 노래를 부를 수도 없는 입으로, 나를 본 행인이 도움을 줄 수 있다면 좋을 텐데, 함께 살 수 있을 텐데, 하지만 여전히 나의 왼손은 열세 번째 똥 머리 스타일을, 오른손은 열두 번째 고무줄로 두피를 잡고 있다 얼마나 오랫동안 떨고 있었던 것일까, 백년처럼 여겨지지만 세수하는 시간에도 미치지 못했을 것이다 이 아침이 저녁이 되는 순간. 이 밤이 되는 시각. 눈꺼풀 밑으로 눈물이 차올랐다 턱 끝에서 멈춰질 리 없었고 너는 이미 바닥에 닿기 전에 멍 들었다 나아가지 않은 시간을 생각해야 해, 오염된 머리카락은 송곳니의 인내를 배운 적이 있다 내가 좀 더 미소를 지어야 한다는 말은 속을 알 수 없는 목덜미였던 걸로 기억한다 끊어버린 머리카락을 헹구고 수건으로 으깨고서야 뇌수 밖에서 네가 말할 때 끝내는 배려. 이 여름에 구토하던 날, 나는 단풍이 든 말이나 숨통을 끊을 가위로 머리카락을 잘라내던 기억이 또렷했다 그날도 주로 내가 듣기만 했다 21년 어느 여름 7월, 수요일, 오후, 8시쯤, 오늘이 며칠이더라, 그건 나를 향해 웃었던 요일이라고 했다 집 안에 거주하는 겁먹은 사람들끼리 목이 달아난 백숙을 먹고, 사흘 치 빨래이므로 하수구를 내려가는 쓴소리가 많았다 그러니까 파 뿌리를 남발하는 머리카락쯤이 아니야, 어쩐지 강해 보였다

박정민
purunn@naver.com

· 1997년 《문예사조》를 통해 등단했다.
· 시집 『코끼리를 냉장고에 넣는 방법』을 썼다.

항抗, 프랑켄슈타인

컬러풀 원더풀

안녕하세요, 아버지 가방에 들어가시고

Σ, 겨울

항抗, 프랑켄슈타인

커튼을 열어두어야 시간도 죽이고 정보 교환이 된다며
가납사니 옆 병상 여자는 입원하는 순간부터 방장이 된다
나 살자고 시간을 죽이는 일에 동참하자니 난감하다
선을 넘어설 수 없는 건 나인지 프랑켄슈타인인지
커튼을 벽으로 친 것이 나인지 그인지
마지노선의 프랑켄슈타인은 눈 감고 벽을 통과해 건물 바깥으로 달아나는 중
통창 너머 낮과 밤은 침묵하는 점처럼 쏟아질 따름이다

중력을 무시하고 사정없이 내달리던 허깨비는
유리창에 부딪혀 죽은 새의 사체를 생각한다
우리나라에만 매일 21,971.8마리
창마다 오색찬란한 스테인드글라스
어제 날던 그 새는 나와 시선이 마주쳤을까
소수점으로 남은 새들의 비행
유리창 반사 빛과 나눈 직각의 신경전
나는 유리창 넘어 벽 속에 누운 나에게 무사히 돌아갈 수 있을까
차라리 눈이라도 감고 있을걸

그나마 가속도에도 멀미하지 않아 다행이다

릴렉스 릴렉스 살아남은 카페인은 오늘도 수다롭게 활동 중

컬러풀 원더풀

노랗거나 살구색이거나 빨강이거나 혹은 연두와 하양 하양
동그랗거나 길쭉하거나 새끼손톱의 거스러미만큼이거나
흰 속살 눈치껏 드러낸 반으로 쪼개진 분홍
세 개의 봉지와 플라스틱 원통에 든
일용할 파스텔 한 줌 털어 넣어야 시작되는 하루
가끔 한두 개 알약이 목구멍을 거부하고 그 언저리를 배회할 때의 쓴맛
생기生氣는 직선 대신 오불꼬불한 나선형이다

노랑이 녹을 동안 사이키 조명 열리고 호르몬은 요동친다
그동안 지나치게 잠잠하긴 했어, 블루스 타임이 너무 길었어

연두는 단단하게 지켜내지 못한 골격으로 가서 결속한다
다음 약속엔 늦지 않을게, 지키지 못할 약속도 지킬게

분홍과 빨강이 녹을 때까지 핏줄 열어둔 채 뉴스를 본다
신선도 떨어지는 헤모글로빈의 고딕 음성이
압력을 거부할 권력 없는 가난한 혈관을 타고도

부디 제 속도로 지나갈 수 있기를

어지러운 뉴스를 정리한다, 채널을 돌린다
벽을 잡고 천천히 일어나 어지럼증은 줄어들기로 한다

지속 가능한 슬픔에 하루치의 철분이 깃드는 동안
우울을 벗은 알약은 무리 무사히 벗어났을까
고르고 거침없이 숨 쉬게 하는 당신
형형색색의 명사는 적당히 거리 두고 밀어내다가 섞인다,
생기 지속되고

안녕하세요, 아버지 가방에 들어가시고

너, 받침을 흘리며 인사하고 나는 떨어진 자음을 줍는다
서로의 허리 꺾이고 받침도 꺾인다
내성이 생기다 만 인사말은 시치미 떼며
이응에서 니은으로 옮겨간다, 띄어쓰기할 새도 없이

손바닥 사이 어색한 손금 틈으로 초록의 피 흐르면
가정통신문의 얼룩 냄새 나는 옛날을 생각한다,
초록을 좋아했던 그때, 단백질의 집

서로의 중력이 다른 거리에서
모른 척 지나친 단어는 문장이 되지 못해 뿔뿔이 흩어진다
받침 떨어지기 전
떨어진 자음을 잡느라 허리 숙이지 않았다면
애초 자음과 모음을 나누지 않았다면
굴절과 골절 사이에서 받침은 꺾일 새 없이 온전한 형태의 단어가 되었을까
반지름만큼만이라도 먼저 손을 잡았더라면 온기 생겼을까

손바닥엔 식은땀만 흐르고

띄어 쓴 행간에 의도된 거리를 숨기느라 가볍게 나눈
안녕하세요

Σ, 겨울

몽블랑 꼭대기 슈가 파우더가 흔들려요
빨대로 혈관을 찾는 동안 뾰족한 통증에 바람이 들어요
은색 쟁반 위에서 지구의 한 귀퉁이가 무너지는 순간이죠
직각의 크레바스마다 희멀건 단층이 드러나고
도깨비바늘 같은 겨울 햇살이 납작하게 말라가요

곡선에 대한 말씀을 듣습니다, 느림의 미학이라 이야기합니다
당신과 나누는 새해 덕담은 아밀라아제의 끈적함보다 깊어요
건조해진 말의 악센트, 강으로 소리 지르며
내 달팽이관을 다녀간 기적이 기적을 일으켰으면 좋겠습니다
시가 되기도 하고 소설이 되기도 하고 넋두리로 폐기되기도 하는
이 겨울의 단상에 목숨 걸 일은 아니잖아요

떨어지는 입술은 왼쪽 가슴에 이름표로 달아요
빛나지 않아도 꽃냄새 풍기는 입술을 심어요

꽃을 단 말들이 꽃잎을 펼치는
은색 쟁반 위 몽블랑에서는 슈가 파우더가 흔들려요
포크에 꽂힌 몽블랑 한 조각 어떤가요
네모난 창으로 내다보이는 겨울이 네모로 진화해요
우리 내년에도 겨울 햇살의 눈꺼풀에 앉은 나른한 점들을 세며
몽블랑을 나누어요

성자현
seaofluv@hanmail.net

· 2004년 《시와 비평》을 통해 등단했다.

경부선 만종

귤 밭에서

관능적인 의자

회색 모자이크

경부선 만종

스치는 풍경 속에 네 남자 나란히 등을 보이며 서 있다
고속도로 갓길에 차를 세우고 가을이 오는 둔덕으로 걸어 들어간 남자들
두 손을 앞으로 모으고 고개를 숙이고 있다
필시 중심을 받들고 자신의 넘치는 걸 비우려 조준하고 있을 터
요의를 참지 못한 한 사람을 위해 비상등을 켜고
함께 내렸을 남자들의 뒷모습에서 저녁 종소리 들린다
해 저무는 들판에서 부부가 기도를 올리는 모습처럼
멀리 종소리 울리는 지평선의 교회가 보이고
비우는 것은 감자를 캐다가 기도하는 것만큼이나 경건한 일이라는 듯
밀레의 그림 속으로 나란히 들어간 남자들
언젠가 티비 동물농장에 방영됐던
뒤가 없이 태어나 하루하루 죽어가는 송아지 이야기
항문을 만들어 주고서야 밥을 먹을 수 있었다 하니
비운다는 것은 생명의 통로가 되는 일
산을 넘어가는 태양은 따뜻한 물감을 풀어놓고
우리에게 넘침이 그들에겐 모자람이었는지

갈대는 감사 기도하듯 휘어 흔들리고
남자들은 비움의 신성한 의식을 치른 후에야 등을 돌린다
정체되어 가다 서다를 반복하던 경부선 하행선도
이제 숨통이 트이는지 차량들이 서서히 속도를 높인다

귤 밭에서

당신의 분노는 당신의 치맛자락 위에 떨어집니다
무른 귤처럼 온전히 붉어지지 못하고 푸르게 멍들어가는,
울분은 어루러기처럼 치마를 물들입니다
바람피우는 남편 때문에 한 조각
가출한 아이 때문에 한 조각
요양병원에 억지로 입원한 친정 엄마 때문에 한 조각
소화되지 못한 토사물들이 목구멍에 걸린 것처럼
메스꺼움에 부대낄 때마다 설익은 귤을 삼키던 당신
향기롭고 다채로운 문양으로 수놓인 당신의 치맛자락을 펼쳐
 나는 냄새를 맡고 노랗고 파란 그 밭으로 걸어갑니다
 봄이 오면 다시 꽃을 피우고 벌들이 그사이를 분주히 오가겠지요
 당신이 키우는 귤나무, 내겐 결말을 말하지 않습니다
 무르게 멍들어가는 순간에도 새 생명을 잉태하고 있습니다

관능적인 의자

여가수는 의자에 앉아 노래했다
긴 다리 사이에 의자를 끼우고 노래했다
가끔 한 다리를 들어올리기도 하고 꼬기도 하면서
능숙하게 의자를 한 손으로 돌리고 만졌다
섹시한 것은 여가수였을까, 의자였을까
관능은 혼자서 완성되는 것이 아니니
둘 다였을까
남자 배우는 의자를 향해 뛰어왔다
엉덩이가 닿을 끝에 한 발을 올리고
힘의 균형을 유지하며 등받이를 발끝으로 밟았다
자연스럽게 의자를 눕혔다
남자는 새처럼 날개를 접고 의자 옆에 섰다
섹시한 것은 남자의 반라였을까, 의자였을까
섹시하다는 것은 둘의 힘이 만나는 것이니
둘 다였을 것이다
오늘은 틀에 박힌 의자, 그곳에 몸을 묻고
충만한 세계를 완성해 봐야겠다

회색 모자이크

한껏 무게를 견디던 먹장구름이
지상으로 빗장을 열어
조금씩 물방울을 흘려보낼 때
세상은 낱낱이 회색이다
천사도 악마도 아닌
인간이라는 이름의 나도
회색이다
검은색을 덧칠하면 진회색
흰색을 덧칠하면 연회색
여전히 회색인 채로
사랑과 증오를 오가는 마음
투명한 햇살이 내 몸을
통과해 주기를 기다리는
나는 프리즘
회색 물방울이다
더 이상 광합성 작용을 하지 않는
내 숲을 헹구며 겨울비는 내리고
땅과 하늘은 울음소리에 섞여
회색의 자양분을 먹은 생명 하나가

땅속 깊은 곳에서 내쉬는
숨, 소, 리,

양문희
moony6734@naver.com

· 2014년 《시에》를 통해 등단했다.

플랫슈즈, 노란

정글 속으로

욕망하는 달리가 꽃을 돌보는 법

딸기戰

플랫슈즈, 노란

1
그는 귀퉁이에 접어 둔 새를 펼쳤다

뒤적일 때마다 발자국을 찾는다 갈피 속 스웨터엔 어미를 잃은 까만 새가 자고 있다 두 손 모으고 두 발엔 플랫플랫 그때 흑백의 새들은 이미 사라졌거나 노쇠했거나 망각의 마디가 된다

2
새는 수면 위에 뜬 배와 같아서 발이 멈춰 선 곳을 지날 때면 균형 잃은 슈즈들의 비명이 들린다

그들은 머리를 매만지면서 떨어지는 돌의 조각을 본다
새의 몸속엔 얼음 암반이 자라고 있는 것도 모른 채

3
매일 밤 난간으로 찾아와 안을 들여다본다
우는 새가 있다
바꿀 수 없는 새가 있다

〈
가슴에 피는 새, 날아가지 않는다

정글 속으로

세면대 거울에 TV 비친다
치약을 짠다
수컷 A가 수컷 B의 목덜미를 가격한다
칫솔을 가볍게 쥐고 앞니를 닦는다
A는 B의 발길질에 턱이 돌아가고
B가 허공을 가르며 떨어진다
수컷 한 마리가 암컷을 독차지한다
칫솔을 움켜쥐고 사랑니를 닦는다
혓바닥을 닦는다
칫솔을 돌려가며 어금니를 닦는다
입안에 문 거품을 뱉는다
거울 깊숙이 리카온 떼가 보인다
대장 어깨를 치켜들고
졸개들 무리 지어
칫솔을 가볍게 쥐고 송곳니를 한 번 더 닦는다
물로 목구멍을 헹군다
난 출근을 서두른다

욕망하는 달리가 꽃을 돌보는 법

콧수염이 매력적이지 꼬리는 또 어떻고 거실 남쪽 오전 열 시 반 방향으로 누워 있던 달리가 일어선다 주변을 맴돌다 식탁 위 화병에 꽂힌 프리지어 한 다발을 향해 의자에 발을 올렸다 꽃을 바라보기만 한다

의자 아래 떨어진 가자미 한 점에 수염이 움직이지 않는다 달리인지 꽃인지 가자미인지 지금은 알 수 없다 심폐소생술이 필요할까 심장이 터졌을까

달리!
달리!

오드아이를 생각할수록 다섯 개의 눈동자 방향을 잃고 헤맨다

열린 창으로 바람이 들어오고
가자미 모양의 종이들이 나부끼고 있다
적극적으로 태만한 가자미
바닥에 엎드린 가자미는 신선하지 않다

바닥에 엎드려 움직이지 않는다
몸통에 다가갈수록
꼬리는 아프기만 하다
꼿꼿한 것은 휘어지지 않고 있다

수염이 움직이고 말아쥐었던
꼬리가 흔들린다
탄성이 터진다
달리가 나타났다
점핑하는 달리가

딸기戰

그녀의 시드 볼트
배스킨라빈스 앞에 진열해 놓고 있다

나는 볕에 붉은색이 더 반짝이는 스티로폼 통을 들었다 놨다 하다
그녀에게 건넨다

그녀는 가격이 적힌 팻말을 눕히고 통을 든다 어제 따 왔어요 달다는 말도 잊지 않는다

어제 땄다는 말은 신선도일 거라 곱씹으며
다른 통도 넘겨다본다
통 안 가득 심장들 담겨 있고
한여름에도 녹지 않는 아이스크림 간판과 추위에 떨었을 손끝도
풀의 선포가 있었지
줄기는 쉬지 않고 자랐고
곁가지도 잘라내
꽃이 많아도 꽃이 되지 않아 비닐을 씌웠지

〈
당신도 곰팡이에 뭉그러지기도 했겠군요
행복은 무게보다 개수라는데
돌릴 수 있다면 돌아가고픈 심정이 된다

그런데 말이죠 열매라고 부를 수 있을까요
열매 이전의 열매들
만성 우울을 가진 밑동에 자리한 푸르스름함까지

계좌이체도 가능하다는 그녀에게
송금했습니다 뜬다
먼 길 가는 것 같았는지 노끈으로 묶어준다

김병권
usmac@naver.com

· 2014년 《서정문학》을 통해 등단했다.

바람 소리

채송화 꼭짓점

다이어트

가을 노트

바람 소리

카우아이오오*,

새가 날개를 떨어내고 있다

내일은,

해 뜨지 않을 것 같아
겨울나무에 앉아 발 디딜 때마다
목젖 갈라 내는 울음

눈물을 말리려는 걸까

둥지를 짓지 않는다

눈 위의 찍힌 발자국 지워가며
어두운 밤 허공을 향한 외침
되돌아오지 않는 비틀린 울음들,
잠을 떨어 다시 일어선다
〈

암컷 부르는
마지막 수컷의 세레나데
저 날갯짓

둥근 소리, 문이 닫히는

* 카우아이오오(Kaua'i ʻōʻō) : 세상에서 가장 슬픈 소리를 가졌던, 전멸한 새.

채송화 꼭짓점

참새, 한소끔 끓다간 자리
새싹 빼꼼 고개를 든다

모종삽에 뿌리가 찍혔나
한 방울 빨아올리던 줄기 통째 꺾이고
화단에 부러진 울음 한 줌
옮겨 주었다

살피꽃밭, 웅크리던 꼭지
동틀 때마다
낮은 발자국

뙤약볕 돋은 모서리
쌍곡으로 휘어오른 슬픔

낮은 가슴과 높은 바닥으로
울부짖는 새

날개 꺾여

허공으로 피워 올린 꼭짓점들의,
돌출된 홍채

목숨 끊어진 한 마리 움켜쥐고,

다이어트

배가 커져가요

밥 먹은 배보다
엄마의 야단 담긴 배가 커져가요

귀가 커져가요

들어오는 귀보다
흘려버리는 왼쪽이 커져가요

욕먹을, 배를 키울 거예요,
더 크게

무엇이든 입으로 하면
하거든요

수학 숙제 시간이 자꾸 길어져요
머리가 점프를 하나 봐요
〈

왼쪽 뇌가 부풀어 올라요
높은 곳으로 떠오르려나 봐요

이러다, 곧 터질 거 같아서

가을 노트

넌,
꽁지깃이 빠졌었나 봐
하늘이 참 파래졌어

네가 흘려둔 구름 한 자락
바람 흔들어 깨우더라니까

춤추고 싶었어
아니, 흔들리고 싶었던,

가슬가슬한 바람이었어
앞가슴 널고 싶었던,

코스모스, 숨 멈추어 버렸던,
엉덩이 살결이 뽀얗더라

내 가을밭이 다 망가졌어
티끌 하나 없었던,

연락해, 어서

이희승
apple-812@hanmail.net

· 2023년 《계간문예》를 통해 등단했다.

한정리 15번지

브레이크타임

붉어지겠다

봄의 부고

한정리 15번지

TV속 빈 화면,
언제부터였을까
멈춰버린 시간의 흰자위였을까?

지나간 목소리들은
가장자리로 내려앉아
먼지로 쌓이고

햇살 한 자락
그림자를 쓸어내리며 지나가고

빈 목소리를
더듬더듬 따라간다

현관문은 입을 꽉 다문 채
세상 몇 자락 화면 속으로 구겨 넣고

다리 긴 거미 한 마리 지나간다
가장자리 어둠을 읽어내며

〈
나
천천히 걸어 나가고

엄마는 어디로 갔을까

브레이크타임

손때 묻은 식탁과 빛바랜 수저통
나무 가시 일어난 사이로 먼지처럼 흩날리다 내려앉는
페인트 가루가 햇살을 받아 반짝인다
삐걱거리는 문을 열고 나그네 하나둘 들어오고
하나뿐인 메뉴 손가락으로 주문되고
펄펄 끓는 국밥 해장하기 바쁘다

늦은 점심
아기 안은 새댁 들어오고
구석에 자리 잡고 앉아 고개 숙이고 있다
국밥 나르던 손길 멈추고
아기 받아 안고 새댁 눈 맞추며 주름살 편다
아기 울음 이어지고
새댁 눈물 그칠 줄 모르고
나무토막 같은 손 새댁 등 두드리며
식당 주인 눈에서도 눈물이 흐른다

붉어지겠다

몸속 저 아래
은신처가 있다

홍매가 피어날 때
갓 태어난 새 첫 소리 낼 때
내 입에서 새어 나오는 소리
모두 모아 넣어 두자

나무 싹 하나 올라오고
깊은 밤에도 뻗어나가
잎사귀 하늘을 가릴 때쯤
나는 바람처럼 입을 열자

새로운 손님이 찾아오겠지
몸 한구석 자라나는
어린 것들 두 뺨이 더욱 붉어지것다

봄의 부고

귀신같은 신당 도깨비신당을
귀신같은 점심 식사라고 읽는다

휴대전화 울리는 소리에 놀라 통화를 하다
샌드위치라는 억양에
다시 놀란다

버스에 올라탄 아기 엄마
아기가 버거워 품어내는
한숨 소리에 힐끔

겨울 추위 같은 바람
노점상 시금치 바구니 날아가고
울리는 부고

길 따라 떨어진 벚꽃잎
차 바퀴 따라 몰려다니는 꽃 무더기 어디로 갈까

버스에서 내린 아기 손 흔들고

나도 손을 흔들고

봄이 건너간다

시목문학회 회원

박산하 p31773@hanmail.net

· 2013년 천강문학상, 2014년 《서정과현실》을 통해 등단했다.
· 시집 『고니의 물갈퀴를 빌려 쓰다』 『아무것도 묻지 않았다』 『샤갈, 모래톱에 서다』를 썼다.
· 함월문학상, 울산불교문학상을 수상했다.

임성화 lsh4529@kakao.com

· 1999년 〈매일신문〉 신춘문예를 통해 등단했다.
· 시집 『아버지의 바다』 『겨울 염전』 『반구천 암각화』, 동시조집 『뻥튀기 뻥야』를 썼다.
· 성파시조문학상, 울산시조문학상을 수상했다.

최영화 gjcyh@hanmail.net

· 2017년 《문예춘추》, 2022년 《상징학연구소》를 통해 등단했다.
· 시집 『처용의 수염』 『땅에서 하늘로』를 썼다.
· 세종문학상, 경주문협상을 수상했다.

김도은 jaworyun@hanmail.net

· 2015년 웹진 《시인광장》을 통해 등단했다.
· 2023년 제3회 시목문학상을 수상했다.

박순례 Sy3456kr@hanmail.net

· 2016년 《여기》를 통해 등단했다.
· 시집 『침묵이 풍경이 되는 시간』 『고양이 소굴』을 썼다.
· 울산문학 젊은 작가상, 울산詩文學 작품상을 수상했다.

박장희 change900@hanmail.net

- 1999년 《문예사조》 등단, 2017년 《시와시학》 신춘문예에 당선되었다.
- 시집 『파도는 언제 녹스는가』 『그림자 당신』 『황금주전자』 『폭포에는 신화가 있네』를 썼다.
- 울산문학상, 장폴 사르트르문학상 대상, 울산詩文學賞, 함월문학상, 울산불교문학상 등을 수상했다.

윤유점 stoneyoon@hanmail.net

- 2007년 《문학예술》, 2018년 《시문학》을 통해 등단했다.
- 시집 『내 인생의 바이블코드』 『귀 기울이다』 『붉은 윤곽』 『살아남은 슬픔을 보았다』 『영양실조 걸린 비너스는 화려하다』 『수직으로 흘러내리는 마그리트』를 썼다.
- 한국해양문학 대상, 부산진구문화예술인상 대상, 부산문학상 대상 등 다수 수상했다.

김 숲 misuk2431@hanmail.net

- 2014년 《펜문학》을 통해 등단했다.
- 시집 『간이 웃는다』를 썼다.
- 등대문학상, 한국해양문학상, 제2회 시목문학상을 수상했다.

김뱅상 sukhee1796@hanmail.net

- 2017년 《사이펀》으로 등단했다.
- 시집 『누군가 먹고 싶은 오후』(세종우수도서 선정) 『어느 세계에 당도할 뭇별』을 썼다.

이선락 blue-dragon01@hanmail.net

- 2020년 《울산문학》, 2021년 《동리목월》, 2022년 〈서울신문〉 신춘문예를 통해 등단했다.

황지형 rmfldna2002@hanmail.net

· 2004년 《시와비평》, 2009년 《시에》를 통해 등단했다.
· 시집 『사이시옷은 그게 아니었다』 『내내 발소리를 찍었습니다』를 썼다.
· 명지문화예술상을 수상했다.

박정민 purunn@naver.com

· 1997년 《문예사조》를 통해 등단했다.
· 시집 『코끼리를 냉장고에 넣는 방법』을 썼다.

성자현 seaofluv@hanmail.net

· 2004년 《시와 비평》을 통해 등단했다.

양문희 moony6734@naver.com

· 2014년 《시에》를 통해 등단했다.

김병권 usmac@naver.com

· 2014년 《서정문학》을 통해 등단했다.

이희승 apple-812@hanmail.net

· 2023년 《계간문예》를 통해 등단했다.